Da bin ich

Friedrich Karl Waechter
Da bin ich

Diogenes

Wir waren drei.

Wir waren im August gekommen.

Mutter hatte schon im Mai vier gehabt.

Wir waren zu viel.

Da haben uns die Fischer in einen Sack gesteckt,

sind mit uns aufs Meer hinausgerudert

und haben uns ins Meer geworfen,

um uns zu ertränken.

Da riecht uns ein Katzenhai,

zerfetzt unsern Sack, zerfetzt unsre Kleider,

frisst meinen Bruder, frisst meine Schwester.

Da ist er satt,

stumpt mich in sein Versteck, damit er mich später fressen kann,

stumpt mir alles Wasser aus dem Bauch.

Da komme ich zu mir und bin noch am Leben,

der Einzige in einem Totenschiff.

Ich nehme dem Ersten die Hose, dem Zweiten das Hemd,

dem Dritten die Waffe.

Und als der Katzenhai kommt, mich zu fressen, schieß ich.

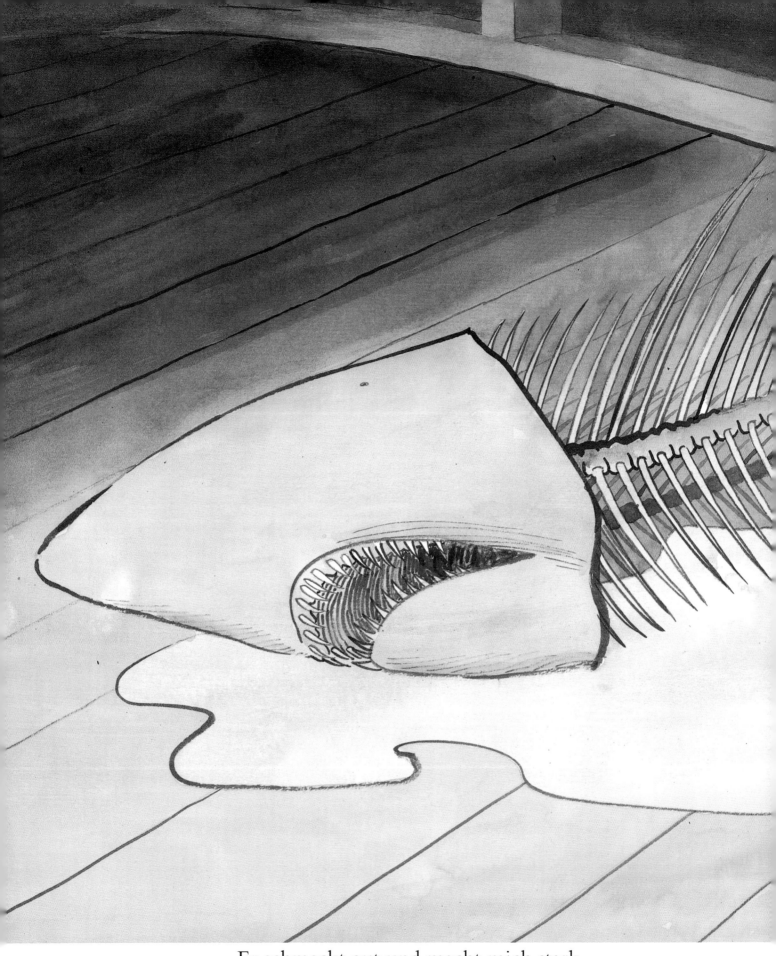

Er schmeckt gut und macht mich stark.

Mit einem Bauch voll Hai

und einer Lunge voll Luft rausch ich empor ans Sommerlicht.

Es ist nicht weit bis zum Strand.

Ich laufe durch Feriengäste zum Bahnhof.

Für drei Golddukaten gibt mir ein Beamter eine Karte,

die fürs ganze Deutschland gilt.

Ich fahre drei Tage kreuz und quer.

Dann steige ich aus, laufe durch Straßen, komm an ein Haus,

drücke den richtigen Klingelknopf.

Du machst mir auf. Wie schön. Da bin ich.

Friedrich Karl Waechter
im Diogenes Verlag

Friedrich Karl Waechter, geboren 1937 in Danzig, ausgebildet als Grafiker in Hamburg, war ab 1962 Mitarbeiter bei Zeitschriften wie *Pardon*, *Konkret* und *Twen*. Sein berühmter *Anti-Struwwelpeter*, als progressives Gegenstück zu Heinrich Hoffmanns *Struwwelpeter* aus der Mitte des 19. Jahrhunderts, erschien 1970, seit 1974 macht Waechter auch Filme und Theaterstücke für Kinder, vor allem für den Verlag der Autoren. Die ihm häufig gestellte Frage »Ist das für Kinder oder Erwachsene?« kommt ihm seltsam vor. Hier seine endgültige Antwort: »Ich schreibe und zeichne für alle, die mal fünf waren, noch Erinnerungen daran haben und gern neunundneunzig werden wollen.«

»Einer unserer begabtesten Grafiker und Kinder- und Bilderbuchmacher in Deutschland ... Als Erwachsener bleibt man entweder schulterzuckend auf der Strecke, oder man überläßt sich dem Sog dieser Zeichnungen und segelt, den kindlichen Betrachter am Steuer, unter der sanften Brise dieser angenehm karg betexteten Bilder einfach auf und davon. Ich habe zu den Seglern gehört.«
Wolfdietrich Schnurre

Bilderbücher für Kinder
(und Erwachsene):

Die Reise
Eine schrecklich schöne
Bildergeschichte

Die Mondtücher
Ein Märchen

Der Anti-Struwwelpeter
oder listige Geschichten
und knallige Bilder

Da bin ich

Bilderbücher für Erwachsene
(und Kinder):

*Wahrscheinlich guckt wieder
kein Schwein*

Der Traum der Bergfrösche

*Männer auf verlorenem
Posten*

*Mich wundert, daß ich
fröhlich bin*

Illustrationen zu George Orwell
Farm der Tiere